Vertellt un bebillert...

Plattdüütsche Vertelln
vun
Ernst-Günther Suwe
de ook de Billers malt hett

D1725902

Verlag Heinrich Möller Söhne

Mien Enkels todacht

Een poor Wöör vöruut...

Düsse Vertelln wüllt keen groote Literatur sien. Se sünd Stücken vun mien eegen Leven. Villicht weer dat een eenfach Leven, un villicht besinn ick mi wegen dat so geern trüch.

An Heben trocken de Wulken, un ick leeg in't Gras un gung mit op Wannerschaft. Mien Minschen, mien Familje buen een warmes Nest. Un wenn een in de Welt geiht, denn mutt he weeten, wokeen sien Nest steiht, un dat de Heben mit em treckt.

Veel Freid bi'n Smökern.

Ernst-Günther Suwe

Schooltieden ...

Af un an kriggst du dien Fotoalbums her un blöderst di dörch die Tieden.

Un denn sühst du di in Wichs mit een groote Tuut un heel glönige Ogen, – dien eersten Schooldaag. Un du blöderst un blöderst ...

Kiek, un dat sünd unse Kinner an ehrn ersten Schooldaag, – eerst uns Dochter, smuck mit een bunte Tuut un so vergnöögt in de Ogen. Un unse Jungs! Jungedi, se wüllt de Saak wull bögen – mit so een Tuut vull sööten Krimskraam –, un ehr Ogen blinkern as so'n Blinkfüür.

Na, jüm hebbt dat all klookkreegen as dat nu wiedergeiht: Nu strohlt di de eersten Enkelkinner op dat Foto an, in Jeans un T-Shirts un mit noch gröttere Schooltuuten.

Minsch, dat mutt doch een heel goode Saak wesen, dat mit de School, wenn sick all de lütten Minschenlüüd an denn ersten Schooldaag so högen doot!

Mien Enkelsöhn Jan-Hendrik hett dat för sick (un för mi) so ton Verklaren makt: De Schoolmestersche haar twee Daag mit de lütten Kükens malt un malt, jüst üm ehr de School woll smacklich to maken. An denn drütten Daag harr mien Jan-Hendrik woll de Näs full un he frögt de Schoolmestersche, wann woll dat Lesen losgung, denn wegen dat weer he ja nu na School kamen, daarmit he de Döntjes vun Asterix und Obelix nu endlich sülben lesen kunn.

Ja, wat will de Minsch nich allns, wenn he lütt is. Doch för mennigeen ward de sülbe School eens to Last un Qual. – Bet daarhen weern se all liek, nu giff dat Klooke un Dümmbüdels, Flietige un Fuuljacks – un jümmers ook noch Rieke und Knookenpuulers.

De beste Tied, as ick noch weet, weern de ersten

Jahren op de Grundschool. Kiek, wat schöön morgens, wenn wi uns op'n Schoolweg bemöten. An jedeen Eck tövt een, un mit de Tied weern wi son lütten Swarm un luut as de Dacklünken. Obpaßt wöörn wi vun de grötteren Schoolmaatsen, so een as Elfriede, un vun de mien Fründ Hein, de jümmers recht wat oldklook weer, sä: „Du, de kann all Kinner kriegen!", wiel Elfriede al son lütten Bossen harr.

Un lang denn Weg to School wörr vertellt un tohört – or wi maken „Bittergrün – ohne anzufassen – ohne an Zeug" in Fröhjahr un Glitschen im Winter.

Vör de School stunn een vun de Schoolmesters. Nee, du kunnst nich eenfach so rin na de School un rumramentern in dien Klassenstuuv, nee, erstmaal wöör klassenwies antreden vör de Hauptpuurt, un denn bimmelt dat eenmaal, tweemaal, un denn gung dat in Schritt un Tritt rop denn Korridor un denn rin na dien Klassenstuuv.

Reken, Lesen, Religion un Schönschrieven, dat weer dat Haupt.

Mien Vader hett mi maal vertellt, dat em dat Hochdüütsche heel swoor ankamen is, wiel se in sien Öllernhuus meisttieds plattdüütsch snackt hebbt. As he förn Religionsünnerricht dat Leed „Jesus, geh voran, führ uns auf der Lebensbahn . . ." lernen müß, kunn he sick schier vun de tweete Zeile keen Bild maken.

„Jesu, geh voran", dat weer een kloore Saak. Abers „führ uns auf der Lebensbahn", dat meen wull so wat wie „Füür maken an denn Span vun't Leven", ja, dat paß tohoop. ett denn noch wat duert, bet mien Vader denn wohren Sinn foot harr.

Un Schönschrieven, door harr ick dat mit. Düsse schööne blaue Tinte, un düsse olde, wedderharige Fedder, zackelt und kratzt op dat Papier – un, Schiet, all wedder een Klecks! Un denn keem Abba-Claußen (he sä

jümmers: aber! aber!), sehg denn blauen Klecks) un „auaa!", harr ich een mit den Wiesknüppel op'n Kopp.

Un wat echt de Tinte weer; ick wunner mi noch, wat dat, as dat swatte Negers, geele Chinesen un roode Indianers gifft, wat dat keen blaue Minschen gifft.

Un denn de Pausen. Denn leetst du di Moder ehr Bodderbrot smecken un drunkst de Schoolmelk – mi hett laterhen nich veel so good smeckt as Moders Pausenbrot un de frische Melk.

Na de Paus gung dat denn wieder mit Reken, dat lütte Eenmaaleen, rop un daal und dall un rop. An Enn weerst du nusselig in' Kopp.

Da gung dat mit de Religion sinniger an, keeneen weer datomaalen so kritisch un op'n olden Maand weer ook noch keeneen wesen.

Lesen weer een feine Saak, dat fung an mit all de schöönen Vertellns vun Heini un Lene bet henn na de Sagen vun de „klogen Büsumer". Or „Wie der Grütztopf in das friesische Wappen kam."

Or Riemels as düsse vun Heinrich Dreyer: „De Geest-kerl keem na de Masch hendal. ,Minsch', segt he, ,ne, nu kiek doch mal, wat is de Welt vör'n grot Stück Land – un ni mal Knicken an't Kant.'"

Ja, Lüüd, ick kann jüm noch mennig een Stremel vertelln – vun hütt un vun güstern –, un wiss do ick dat morgen . . .

Fremdspraaken . . .

„Versteihst mi?!" sä mien Vader, wenn he grantig weer. „Du versteihst mi nich", sä mien erste Leef, as ick er nich heiraten wull.

„Verstahn", dat is so'n Saak. Dat markt man, wenn een mit annersartige, frömde Lüüd to doon hett.

As jung Kierl weer ick mol in't Schwäbische, un op een so'n Danzvergnögen harr ick mi so recht in so een lüttje Deern verkeeken. Un se much mi wull ook, denn as dat so meddernachtens weer, sä se to mi: Bringst mi no Zimmern? Holla, dach ick, de Deern is richtig, de geiht ran. Man gau, rin in't Auto un denn af na er Komer. Un wi fahrt un fahrt rut ut Schwäbisch Gmünd Richtung Aalen. Na, dach ick, wo de Deern wull hüüsen deiht, so een smuckes Madel!

Mit eens seggt se: hier mußt du eini! Na, ick rechts eini. Un denn seh ick een Ortsschild, un wat steiht darop: Zimmern/Landkreis Aalen.

Un „Dank schön" seggt de sööte Deern, – un flutsch, is se weg.

Ja, de Ton or de Betonung makt de Musik.

Wenn ick mit mien platte Utspraak mi in dat Französische versök, denn kiekt mi de Franzmann an as wenn ick chinesisch snacken do. Alleen, keeneen mi wat verköpen will, de versteiht mi jümmers.

Da is dat mit de Teekenspraak veel eenfacher.

Vör een poor Jahr weer ick in Mostar, de Stadt in Jugoslawien mit de veelen Muselmanen, de grooten Moscheen un de weltbekannte Brüch över denn Fluß Naretwa.

As dat so is in een frömde Ortschaft, ick leep un keek, ick eet un drunk wat, ick flanier de Straaten op un hendaal, un mit eens drück mi wat, – verdammi, wo is dat nu? Ick söök un söök – un de Druck wart jümmer

gewaltiger. To'n Enn finn ick ünnererdig dat Häuschen, modern un sauber, tipp-topp. Aber vunwegen: nu mal fix. Nee, dat Örtchen wöör oppaßt vun een ole, knitterfaltige Fruunsminsch.

De leet keeneen vöbi, de nich betahlen kunn.

Man, dach ick, wie schall dat woll warn?

As ick an de Reeg wöör, keek mi de old Fru bloot an un brummelt so wat vör sick hen. Ick verstunn keeneen Wuurt un danz vun een Foot op denn annern. Nu begreep se, makt mit er lüttje Hand een Fuust un heel er eenmal ünner vörn Lief un denn an denn Achtersteven.

Un ick makt een groote Fuust un heel er vörn an't Lief. Denn müß ick na mien Bedrängnis betahlen un wöör in de töstännige Abteilung inwiest.

Un denn erst . . .

Ja, mien Frünn, so is dat in de sozialistischen Lannen, nich mal dat kannst du sülbst entscheiden.

Aber de Teekenspraak is international.

16

Wat mit de Farven . . .

Zu den Menschen meiner Jugendzeit gehörten auch meine Großtante Rieke und mein Großonkel Hans, beide Geschwister meines Großvaters väterlicherseits.

Onkel Hans war unverheiratet und dementsprechend mit Eigenarten belastet. Von der Statur her war er klein und gedrungen, und alles an ihm war rund geraten, nicht nur die knollige Nase mit dem vergoldeten Kneifer und das uhrkettengeschmückte Bäuchlein, nein, auch der Hut, eine Melone, die wir respektlos ,,Eierkocher" nannten. Ich kann mich nicht erinnern, meinen Großonkel jemals anders als schwarz gekleidet gesehen zu haben, schwarzer Anzug mit Weste, auf der die schwere Silberkette mit der Taschenuhr baumelte. Vielleicht war das noch der Abglanz seiner langjährigen Mitwirkung im Stockholmer philharmonischen Orchester, in dem er zunächst das Waldhorn blies und später, als die Kraft der Lungen nachließ, die Bratsche strich.

Jetzt hatte er im holsteinischen Neustadt bei seiner Nichte, meiner Tante Hedwig, Quartier bezogen, wo ich ihm bei meinen Ferienbesuchen begegnete. Alles war tipptopp an ihm, nicht nur die dunklen Anzüge, von denen einer modische Spiegel hatte, sondern auch die Zutaten wie Knaufstock, Gamaschen, der weiße Stehkragen mit der sorgfältig gebundenen Krawatte.

Den größten Eindruck aber machte auf mich eine schwere silbene Toilettengarnitur mit Kamm, Bürste und Spiegel. In seinem Zimmer hingen Bilder, auf denen die Mitglieder des Stockholmer Orchesters ernst und würdevoll, gekleidet in dem Schwarz-Weiß der Pinguine, vor sich die Instrumente, in die Linse der Kamera guckten. Auf der Kommode war gut sichtbar eine silberne Platte mit einer Widmung an die Zeit des musikalischen Wirkens angelehnt.

Seine Zuneigung hatte mein Onkel Hans einem grauen Untier von Kater zugewandt, und ich höre noch das „Mulle, Mulle, komm!", wenn er ihn zum Fressen rief. Als der Kater alt und beißfaul wurde, kaute mein Onkel ihm auch wohl Brotkanten vor und bot sie ihm aus der Hand dar – das war zuviel für mich – und ich mochte den Kater nicht, schreckte ihn gern auf – und sehr schnell mochte er mich auch nicht und fauchte mich giftig an, wenn ich nur in seine Nähe kam, und bald gingen wir einander aus dem Wege. Onkel Hans aber ignorierte diesen Kleinkrieg, und in Erinnerung an schwedische Tage trällerte er durchs Haus: „Adjö, mien voder et mien mu, adjö, mien süster et mien bru."

Tante Rieke hatte den Großteil ihres Lebens auf der Insel Fehmarn verbracht, wo sie zusammen mit ihrem Mann ein kleines bäuerliches Anwesen bewirtschaftete. „Muß di Dag un Nach rögen und hest doch nichts to bieten", sagte sie wiederholt zu mir. Nach dem Tode ihres Mannes veräußerte sie die Landstelle und kaufte sich mit dem Erlös in das „Lienau-Stift" in Neustadt ein, und dort haben meine Schwester und ich sie gern und oft besucht.

Die Kremper Straße mit dem Kremper Tor, den kleinen Geschäften, dem blanken Kopfsteinpflaster und den sogenannten Spionen an jedem Fenster, umschloß zu der Zeit noch eine anscheinend heile Welt, zu der auch das Stift gehörte. Es wurde von mehreren Damen bewohnt, deren tägliches Einerlei nur durch Besucher unterbrochen wurde, und so war denn auch jeder Ankömmling Gemeingut.

Hatten wir nämlich die Eingangstür durchschritten und damit der alten Türglocke ein müdes „Kleng, kleng" entlockt, dann öffneten sich die Türen auf der Etage und die dort wohnenden alten Damen stürmten heraus und nahmen uns in Beschlag, führten uns in ihre

Wohnungen und ein Befragen begann – nach den Eltern, die man doch gut kannte, nach der Schule und all den Dingen, die für sie schon so weit entrückt.

Tante Rieke, die im ersten Stock wohnte, war jedesmal eifersüchtig und ärgerlich, wenn wir so unten im Parterre abgefangen und bereits abgefragt worden waren.

Hatten meine Schwester und ich uns dann von Fräulein Hahn („Tücke-Hahn" nannte unsere Tante Rieke sie immer) und den anderen befreit, nicht ohne irgend etwas Backwerk genossen zu haben, konnten wir endlich zu unserer geliebten Großtante die farbig gestrichene Holztreppe emporeilen. Wir läuteten an der Wohnungstür, hörten ein Schlurfen und Murmeln („Wer kann dat wohl weesen?") und dann, die Tür aufreißen, meine Schwester packen und mit ihr durch das große Wohnzimmer über seine knarrenden Dielen walzen war eins. Dazu sang sie lauthals: „Siehste wohl, da kimmt er, lange Schritt nimmt er, siehste wohl, da kommt er schon, der besoffene Schwiegersohn!" So ein herrlicher ursprünglicher frivoler Gesang war Balsam für eine guterzogene Kinderseele, und meine Schwester und ich genossen das Spektakel von Herzen.

In dem Wohnzimmer mit dem schönen roten Plüschsofa, auf dem kleine Deckchen mit Noppen ausgebreitet waren, der Anrichte, auf der metallgerahmte Bilder von Angehörigen standen und zurückhaltend auf das fröhliche Treiben schauten, dem schwarzen, eisernen Ofen in der Ecke und dem Fenster mit dem Spion, mußten wir Platz nehmen und nun noch einmal alles erzählen, was wir unten bei „Tücke-Hahn" und den anderen bereits berichtet hatten. Aufrecht und steif saß uns die schlanke Frau (ich bin versucht, „Dame" zu schreiben) in ihrem schwarzen Taftkleid, das an Ärmeln und Kragen neckische, weiße Rüschen herausgucken ließ, gegenüber und folgte unseren Erzählungen, sie dann und wann durch eine Frage neuingangbringend. Ja, sie konnte noch zuhören.

Als ich älter wurde, und die Berufswahl näher rückte, entspann sich einmal dieser Dialog:

„Wat wullt warr'n?" fragte Tante Rieke.

„Chemiker", erwiderte ich, denn in diesen Fächern hatte ich zu der Zeit gerade eine Erfolgsphase. „Schemiker?" hakte sie nach einer Pause des Nachdenkens ein, „Schemiker?, is dat nich wat mit de Farven?" – „Ja", antwortete ich und gab dann bereitwillig mein Schulwissen zum Besten.

Geduldig ließ sie den Schwall der Begeisterung eines angehenden jungen Chemikers über sich ergehen, um dann noch einmal zu fragen: „Is dat denn wat?", und dann brachen aus ihren Gedanken eigene Wunschträume hervor: „Du schußt man Koopmann warrn, dat is wat Reelles!" Und hatte sie nicht recht?

Denn als Kleinbäuerin hatte sie wohl oft gedacht, wie einfach es so ein Kaufmann hatte, hatte er doch von allem zum Leben, hatte immer Geld im Hause, die Leute mußten zu ihm kommen, und Ansehen genoß er auch.

Auf diese Überlegungen wußte ich nicht viel mehr als „Och, nee, Tante", hervorzubringen, und dann war das Gespräch über meine berufliche Zukunft beendet.

Wehmütig denke ich heute dann und wann, wenn ich vor einer Staffelei stehe: „Ja, liebe Tante Rieke, dat is wat mit de Farven!"

Kinnergloben . . .

Jedeen, leeve Frünn, hett sick irgendwo in sien Harten so'n lütt Stück Kinnergloben opwohrt. Weets meist nich mehr dorvun, – un mit maal is he door un överdüvelt di.

So gung mi dat annerletzt in Frankriek, woneem ick fokens an't Malen bün. Mien Fru un ick weern mit Auto op Marseille dool, wielt uns een jung Keerl mit sien Mercedes vörbiföhrt un uns towinkt. Keen schull dat ween? Säker een dütschen Landsmann, de wi in Arles or Avignon bemöt weern.

Wi haarn em meist vergeeten, as de Keerl an de Stroot steiht blangan sien Mercedes un wink un wink. Hett woll een Pann, muttst woll hölpen. Knapp dat mien Auto stünn, do keek he all in't Finster, un denn güng dat los: Ich amerikanisch, Soldat in Fränkfurt, you know! Have gewesen in Kambodscha, against die Kommunisten, you know! Hab' taken some souvenirs over there, you know! Look here (kiek di dat an) Zahn vun Elefant. Ik schänken dir! Ich nich nehmen darf to Fränkfurt."

Un he smeet mi so'n Tähn röver. Smuck! segg ick di! De reinste Urwald wöör dorop. Aapens, Elefanten, Flamingos un so'n Kruptieren. Ick weer wech.

„Du mir kannst spend 100 Franc, ich nicht bezahlen the Champain in the hotel – I just come from Kambodscha, you know!"

He harr mi so'n smucken Tähn schenkt, wat schull ick em nich hölpen, dat he sien Champain betohlen kunn. „Here hest mien friend!"

„I like you", un ick harr denn tweeten Tähn op'n Schoot. Un he höll de Hannen hin, un ick – wat weer dat för een smucken Tähn – geev em noch mal 100 Franc. He sloot de Hannen obers nich, nee he sä: „Go on!"

„Stop", sä mit'n mal mien Evi, „enough, genug!" OK,

anter de Amerikoner, güng to sien Mercedes un wink uns to, as wi wiederfohren.

Eerst nu waak ick op ut mien Kinnergloben. Harr ick glövt, dor schenk mi een wildfrömden Keerl een echten Elefantentähn? – mien Fru, de Evi, grientjer rech wat höönsch, you know?

In dat neegste Dörp höll ick an, un keek mi de Tähn genau an: seen ut wie echt, un swoor, un smuck . . .

Wi kunnst du glöven, dat se echt weern?

Ja, wi kunn ick. Kinnergloben, you know!

Een ut de Buddel . . .

Wi in Hopen hevt ook so'n lüttjen Kroog, so een ton Snacken un Drinken. Dor dreep sich noch de Hannelslüüd, un de Mitglieder vun de Sportklub, de Naverslüüd un de Jagerslüüd. Un een fröhen Morgen kiekt denn poor Jagers in, se sünd op'n Bock, un se wüllt sick gau noch maal opwarm, is noch recht wat klamm de Luft.

,,Minna, mak uns man gau een Supp warm."

,,Jüm möt abers een lüttje Stoot teuven", seggt Minna un jappt as een vun de Jagershunnen, ,,sett jüm dol." Un se treckt af no de Köök. Na, de Mannslüüd sett sick dol un snackt een Stoot.

,,Jungedi, is dat koolt, ick kunn een Kööm verdreegen. Hett Minna denn keen Buddel rümstahn?" Nee, dor steiht nix op'n Tresen. Abers, wat is dat op de Finsterbank? Wohrhaftig, dor steiht een vun düsse scheune brune Buddeln ut Steinhagen.

,,Man to." Een poor Glöös sünd gau funnen. Eenmol rüm mit de Buddel, un denn ,,Prost!"

Düvel ook, igettegitt, wat is de Kööm warm un smeckt als Jüüch. Un jüst kümmt Minna dörch de Döör mit de warme Suppen. ,,Sünd jüm narrsch? Nu suupt jüm al mien Warmbuddel ut!"

Dat wörr een vergneugte Jagd in Hopen.

Giff di! Giff di! . . .

Annerletzt hür ick in't Radio vun een Buur ut denn Harz, de harr vör Gericht sien Recht dörchsett, sien Köh in de Staatsforsten grasen laten to dörben.

Do müss ick an een Vertelln vun mien Grootvader dinken, de ick jüm nu to'n Höögen weddergeven will. Ook in de ostholsteinische Heimaat vun mien Familje harrn de Buurn dat Recht, eere Tiern, vörallens de grooten Sögen, op de Gemeindeplaats ünner de Böken un Eeken grasen to laten. Een so'n Plaats wier ook vör de Kark vun dat Dörp.

Un an so'n heel hitten Dag geiht een vun de Sööge in de Kark (datomaal wiern de Dören vun de Karken noch övers Dag open), wiel dat dabinnen recht wat koolst weer.

Üm de Meddagstunn kümmt de Köster an sien Kark vörbi un hürt dat binnen snuben un ramentern.

„Bi Gott", dacht de Köster, „nu is de Düwel in unse Kark." Gau makt he de Döör to un löppt röver to dat Pfarrhuus un vertellt denn Pfarrer vun dat gruliche Vörkaamnis in de Kark.

De Pfarrer smitt sien Rock över und neiht mit den Köster röver na sien Kark.

„Nu bliff he man vör de Döör un stell sich recht wat breetbeenig henn, denn will ick in de Kark gahn un denn Satan verdrieven, un he schall em denn woll faatkriegen."

Un denn geiht he in sien Kark, lett de Döör wiet open un postiert sick vör denn Altar un beswört denn Luzifer: „Im Namen des Vaters, des Sohnes und des Heiligen Geistes, Satan fahr heraus!"

De Söög aber weer dat in de Düsternis vun de Kark ook nich mehr so topaß, un as se nu denn Sünnschien in

de open Döör süht, dravt se da op to – un jüst den Köster mang de Been.

De keum nu verdwars op de ole Söög to sitten, un af gung de Post.

De Köster harr jüst een nie Ledderbüx an, de weer recht wat stiev, un bi dat Rieden klung dat wi: „Giff di! Giff di!"

De Köster dacht, de Düwel wull em to'n Opgeven besnacken, un he heel sick noch faster an denn Steert fast un reep luuthals: „Nee, ick giff mi ni, Düwel, un wenn ick mi doodrieden schall."

Keen weet dat End vun dat Vertelln? Ick ni.

Sünndag . . .

In dat Book mit de plattdüütsche Sprook steiht achter dat Woord „Sünndag" = Sonntag, Feiertag.

Jo, dat weer he maal de Sünndag, een Fierdag. De Arbeitsweek gung noch bit Sünnavendmeddag, un in welke Geschäften gaar bit to'n Avend.

Wat frein sick de Minschen, de Grooten un de Lütten op denn Sünndag.

Bi uns to Huus fung de Sünndag an mit een Familjen-waschfest. Moder harr all fröh een grooten Grapen mit Water to Füür bröcht, un mien Vader hol de ole Waschbütt ut Tinn ut'n Keller. Un denn sehg dat ut bi uns as hütigendaags an'n FKK-Strand. Vader, Moder, Süster un ick leepen in de lüttje Köök dörcheenanner. Keeneen schull de erst wesen? Moder schwuppt wat vun dat hitte Water in de Wann – un denn man rin. Oh, veel to hitt, gau een beeten vun dat koolde Water darto. Wo is de Seep? – hier, glitsch, af geiht se ünner't Schapp. – So, nu komm maal her, will di gau mol den Rüch un den Achtern schrubben.

Au, nich so hart mit de ole Böss! – Lot dat Sprütten, – ick werr dat nich, man Jung, deck di, wo du Bloot büst. Un de heele Köök weer vull Damp, – un op denn Footbodden sammeln sick lütte Dieken un Seen. Püttert doch nich soo! Un nu is genoog. Hier, hest een Hand-dook, dröch di good af.

De Sünndagskleddaasch harr Moder all paratleggt, de witten Leibchen, de langen Strümp, dat smucke Kleed för mien Süster un för mi denn Bleyle-Antog, un Lackschoh.

Vader trock sien swatten Antog an, he wull noch to'n Kyffhäuserverein. Bloots Moder trock noch maal denn olen Kittel an, denn se müßt noch wat dohn.

Mit de Wiel weer in de Köök wedder Klaarschipp, un

wie seeten dal to un fröhstücken. Melk för de Kinner, Koffi för de Öllern. Un denn de Krintenstuten mit goode Bodder. Harr Moder sülbst backt.

Nich, dat wi keen Bäcker harrn; Bäcker Reimers keem tweemaal de Week mit sien Spannwark. Een rotbrune Stut trock denn Brotwagen. Se weer recht wat temperamentvull, un ick much er to giern tirren, mit so'n lütten Twieg lang'n Buuk ketteln. Harr Reimers nich de Streng recht wat kott antütert, dat Peerd weer wull op un davun.

De Fruunslüüd köpen denn Zwieback för de Boddermelk, Witt- und Swattbroot un ook Kringels. Wi Kinner kregen een Kanten vun Platenkoken or een öllerhaftiges Stück Koken op to. Aber Stuten, sünnerlich Krintenstuten de backen de Fruuns sülber.

Un noch hütigendaags weet ick mi nichts Beteres as'n dick Schiev Stuten mit dicke goode Bodder, un een fein Tass Koffi darto.

Na'n Fröhstück dörben wi Kinner ruut: Makt jüm sick nich schietig!

Dat is so'n frommen Wunsch. Mien Süster, de weer so wat etepetete, „muß nich, Günther." Aber ick muß doch maal na de Kaninken vun Hein Rohwedder kieken. De Sipp seet in de Eck vun den Holtverslag un glubst mi an. Ob se wull all Junge hett? Gau maal de Wiern opmakt un nakeeken.

Jumpt mi dat ol Deert doch an de Boss. Ade, du wittes Hemd. De Minsch is nich wert in Verlegenheit to kamen, wenn he sick nich to hölpen wüß. Ich trock dat Hemd verkehrt rüm an un makt de Knöp vun binnen to. Schiet-Arbeit.

To Kark güng mien Familje nich an Sünndag, wi harrn een sünnerlich Afmaken mit Gott as de meisten Norddüütschen: He käm to uns in jeden sien Komer. Un dat Afkamen besteiht hüüt noch ton unsen Besten.

Halve Vörmeddag nöhm mien Vader mi mit to'n Scheetstand vun denn Kyffhäuser. Dar stunn se nu all de olden Kameraden un drunken een lüttes Beer un smöken een Zigarr un schooten. Un denn geef dat Fohrkorten un een dutten Ringe, un se maken klooge Oogen un snacken vun denn letzten Krieg un de hohe Politik.

Af un an makt de ganze Vereen ook een Utfahrt to een annern Vereen, um er Scheeten zu verglieken. Denn dörben de Fruunslüüd un de Kinners mit. Na Nübbel föhren se meist mit een lütten Damper op de Eider – mit Musik. Un denn geef dat Knackwuss mit Kantüffelsalat, Koffi un Koken un bunte Brusen. Ich seet am leefsten bi de Muskanten, de Trummeln un de Trompeten klungen dwars dörch dat heele Telt, wo schön.

Un in Düstern fahrn wi all trüch op den lütten Damper, de een sungen un de annern sleepen – un de Maand frei sich un spegelt sick in't Water.

Meist gungen wi aber, wenn se noog snackt, drunken, smökt un schooten harrn na Huus. Un dat weer di dann ook so'n Fest. Schon op de Deel harrst du den Smack vun Moder's Meddageeten in de Nääs.

Saftigen Swiensbraaten mit Rotkohl un Kantüffeln, – un een Spargelsupp vörut. Achteran geef dat noch een Pudding mit Slaggermaschü. Wi eeten, un Moder frei sick, wat wi so rinhauten, aber keeneen snackt vun Kalorien.

Na de Meddag makt Moder de Afwasch un een vun uns Kinner müß afdrögen, darför geef dat twee Groschen. Nich slecht.

Wenn wi nich ton Kaffee inlod werrn vun Frünnen vun uns Öllern, müssen wi mit Vader dörch de Niebuuten in de Stadt. Vader interesseer sick för Hüüs, he mucht to gern ook buen, un so leep he sünndags na de Buustelln un keek sick denn Grundriß an, meet hier un meet dar, un ick leep achteran as so lüttjen Köter.

An anner Sünndagen, wenn da jüst keen Niebuuten to bekieken werrn, denn kunn ick ook mit mien Fründ Willi ein Tour op Fohrrad ünnernehmen. Ick weet noch, wie wi eenmol in April ganz bit na de Sehestedter Fähr strampelt sünd, bi Hagelschuurn un Dunner. Un ick wöör all recht wat jaulig as so'n Moderjitt, un de lütt Willi nöhm een Sacksband, bunn dat an mien Lenker un trock mi. Wi setten denn över mit de Fähr un föhren op de holsteensche Siet vun de Eider wieder över Bovenau na Rendsburg to. Un as dat mit eens blitzen, dunnern un hageln de un mi de blanken Tranen man so de Backen dolleepen, da schulen wi uns bi een eensam Huus an de Streck. De Huusfruu käm rut un beed uns in de Stuuv. O, wat weer dat schön darbinnen, wi Wiehnachten. Hell un fründlich, warm un dröög, un de Kinner speelen „Mensch ärgere dich nicht". Un wi beiden Stromer kreegen een Stück Koken un wat to drinken. As sick de Aprilsünn mal wedder wiesen de, trocken wi wieder und köömen ook glücklich to Huus an. Wenn ick dann un wann noch mal över Rendsburg un Bovenau na Kiel fahr, kaam ick ook an dat Huus vörbi – un bin wedder dankbar för dat Schuulen-dörben damals, un een Stück ole Tied, Jugendtied leevt wedder op.

So gung denn ook de Sünndag langsam to Enn. To Avend broch Moder noch mal goode Saken op'n Disch, Aufschnitt, Eier, Käs un Fisch in Dosen. Jüm mööt weeten, dat wi Alldaags meerstiets Melksupp eeten.

Na dat Avendbroot müss Vader de Nachrichten ut dat Radio hören. Denn dörven keeneen snacken. Moder se: Dat is doch jümmer dat sülve! Schschsch . . . grummelt Vader, aber Moder geef sick nicht: is doch allns Quatsch!

Un denn speelen wi Kinner mit Moder „Mühle" or „Mensch ärgere dich nicht". Vader leest noch een Stremel in dat Rendsburger Tageblatt.

Un denn jappt Moder – und de Sünndag weer to Enn.

Schon? Ja, ja!

De Kleddaasch kööm wedder in't Schapp. Dat Ünner-tüch dregen wi ja de heele Week.

Mien Süster un ick sleepen daarmaals noch in een Komer. Moder knipst dat Lichen ut, un wi speelen in Düstern noch'n tiedlang „Tante und Tante".

Wat dat ist, dat is een Vertelln för sick.

Mit Musik . . .

Musik hör bi uns to Huus to't Leven, un ick heff jüm vertellt, wat mien Grootunkel Hans se as Profeschoon bedreef un mien Moder gern as Carmen an'n Kokpott stunn un sung: „Draußen im Wald von Sevilla, da wartet mein Freund Sebastian" – un jüm erinnert sick an dat Stück mit de Quetschkommood.

As mien Moder dach, ick wöör old noog, schull ick lernen, op de holten Flöt to speelen. In Dörp weer so lüttje Blockflöten-School mit 'n Schoolmester as Dirigent.

Abers dat mit dat Löckergriepen, dat Schiet, wull bi mi nich klappen. Jungedi, wat dreih ick de Hannen üm dat Stück Holt un puust de Backen, rein as so'n Akrobat. Un een Tied lang kunn ick mi so mangdörch smuggeln: wenn dat kritisch wöör, denn heff ick bloot de Fingers so opundaalbögt und blang bi de Löcker blast un so heel stiev in de Noten keeken. Abers mien Theaterspeelere mutt denn Schoolmester wull doch gediegen vörkamen wesen un he sä: „Nun, mein Junge, spiele doch die letzten Takte einmal alleine vor." Dunntomaal harrn se noch nich denn richtigen Smacht op de Twölf-Ton-Musik, un mien groote Muskanten-Tokunft wier erstmaal to Enn.

Denn heff ick dat mit Singen versökt – ut Leef!

Uns Moder weer mit mien Süster un mi op'n Batz bi Hanerau in Sommerpenschon. Un jüs to de sülbe Tied weer ook een Schoolmester ut Hamborg tosamen mit sien Fruu un Dochter op'n Batz in Ferien. Wat segg ick jüm, de Dochter weer een heel smucke Deern, anners sowieso keen betere to Hand weer. Een kann nich jümmers de Natur geneeten, du muß ook maal wat in Bewegung setten, ook, wenn du erst fofteihn Johr old büst.

Op de Deel vun de Penschon stunn een old Klavier; un ick seet mi daarför un hau in de Tasten, wat dat man lieden kunn. Un daarto sung ick een Kauderwelsch vun dütsche un latinsche Wöör (harr ick jüs in de School mit anfungen, mit dat Latinsche), un dat mutt sick woll anhört hebben wat so: „Miomei-hevdia-more-tusüßesignorina-iooo!"

Ick weet hütigendags noch nich, as een sick inbilden kunn, he wull op so een snaaksche Wies de Leef erwecken.

Abers dat versöökt jümmers noch een Dutten.

De lüttje Hamborger Deern harr miendaag nich Verstahn för de luute Singerie –, se meen man blot: ick schull man nich so rumramentern, anners makt ick de Tiern noch narrsch. Ut mit de Leef, ut mit de Singerie.

Eenmaal noch heff ick versöökt, ganz groot in Saken Musik ruttokamen.

Wi fiern een lüttjes Fest vun uns Schoolklass un maken uns een buntes Programm. Un ook een feine Musikkapell harrn wi tosamenstellt. Mi geven se de Trummel, de harr ja ook keen Löcker to'n Blasen. Un dat leet sick ook allens good an; ick hau na Lust un Geföhl op dat Trummelfell, denn keeneen weet, woneem een so richtig op de Pauke haun mutt.

Abers de Düwel slöppt nich, un dann käm dat Malheur. Een vun de Klassenkameraden sä:

„Ernst-Günther mutt singen." „Ja", gröhln se all. „Na", seggt uns Klassenlehrer Dr. Joerden, „dann komm man auf die Bühne und singe uns etwas." Oh, wat föhl ick mi bumsfidelt, so echt üm den Boort lickt. Un ick jump rop op de Bühne un fung an, een old Wandergesellenleed, dat ick vun mien Grootvader mal hört harr, to singen:

„Küssen ist keine Sünd'
mit einem schönen Kind!

Pflücke die Rosen kühn,
die dir am Wege blühn!"

To de tweete Strophe käm ick nich mehr. Lüüd, ick weer gauer dal vun de Bühne as ick ropkamen weer.

„Der Suwe (nich Ernst-Günther!!!), der Suwe ist wohl verrückt geworden!" – un he kreeg mi ant Jack faat un schüfft mi förrut, rut ut de Döör.

Ja, dat weer noch een heel moralische Tied, daarmaals. Un in dat nächste Tügnis wörrn mien Zensuren all üm een Nummer daalsett. Straaf müß ween.

Vun de Tied an ist dat ut mit de Musik för mi!

Johrmarkt . . .

In de Adventstied harrn wie to Huus jümmer noch eenmol so'n Krommarkt mit Boden un Karussells. Junge, denn worrn wi röhrig. So'n regelmätig Taschengield or gor so'n Schölergehalt vun'n Staat, dat geev dat datomaals nich, nee, müß schon sülbens Ideen heb'n, un dat harrn wi.

Blang uns Huus weer de grote Holtplatz, un dor harrn se de Wegen fastmakt mit Isenschlacke vun de Carls-Hütte. Wi Jungs leepen nu denn ganzen Platz op un dohl un stockern in de Schlacke rüm, denn mennigmaal weer dor so'n Stück fastes Isen mitkamen, un de Stücker sammeln wi. Genauso wie wi all dat ganze Johr över Sülverpapier vun Schokolod opwohrt harrn; dat wier so'n lüttje Kugel worrn. Un, jo, denn keeken wi mol rüm bi de Jagers, as dor nich so'n Fell vun Has or Karnink to heb'n würr. Un Zeitung'n harrn wi uns schnorrt, wat gor nich so lich weer, denn to uns Kinnertied worr de Zeitung nich nur to'n Lesen bruukt, nee, kunnst dien Fröhstückbrot inpacken, Füürn mit anböten und toletzt ook in dat lütt Huus mit'n Hart notwennig bruuken.

Meist harrn wi so veel, – denn dor funn sick noch maal een ol Fahrrad or poor ole Plünn, – jo, so veel, dat wi mit'n Blockwagen lostrocken, henn no denn Oldworenhändler Erichsen. „Produktenhändler" nöm he sick ook.

Un denn gung de Handelie los: „Dat Fell hett toveel Schrot afkreegen", meen de Ool, „un mang dat Isen is wat Schlacke!" Un wi antern: „Wat, dat lüttje Lock?" „un Schlacke, ick seh keen!" Un denn wurr afwaagen un notiert. An de Wand hung een Schiefertafel un op de stunn denn to lesen: 1 Pfund Eisen 1 Pfennig; 1 Pfund Messing 5 Pfennig; 1 Pfund Papier 2 Pfennig; 1 Hasenfell 50 Pfennig; 1 Kaninchenfell 30 Pfennig un so wieder.

Kannst di vörstell'n dat wi schon mit'n ganzen Block-
wagen vull ankamen müß'n, um uns poor Groschen to
maken. Un wenn Vader denn ook noch föftig Penn
toleggen de, denn wier dat schon ganz düchtig, wenn
man weet, dat man datomaals noch för 5 und 10 Penn
Karussell fahrn kunn, un de Schlickerkrom kost ook
nich so veel.

As ick noch recht wat lütt wier, maakt ick mi gor nich
so veel vun de Karussells un de Lutschstangers. Ick harr
dat Wettfeever, ick sett op Peer! In so'n Bod wier een
Rennstreck upbuut mit Start un Ziel un wohl so tein
Bahnen, un op jede Bahn leep een Peer ut Pappmaschee
un een Jockey dorop, mit een Nummer an'n Hals un
jümmers een anner Farv. Du müß di denn för een Peer
entscheden un een Groschen setten. Denn gung de
Startbimmel un een Mechanismus fung an to scheppern
und to rasseln.

Dien Peerd springt vörrut un du meenst, du warrst de
Winner, nix dor, mit eenmaal blivt de ole Bock stahn un
lött all de annern swatten, witten, brunen und geelen
Konkurrenten vörbi un tuckelt ganz kommod as Letzt
dörch dat Ziel.

Keen Peerd harr eben wunn'n? Jo, denn Schimmel,
gau op denn setten bevör een anner dat deiht. Un af geiht
de Post! Wat is nu los? Lohmt de griese Schimmel?
Gewinnt doch de ol Rotvoss? Nu abers op den Rotvoss
setten, man gau. Abers de Rotvoss . . . leeve Frünn, jüm
ahnt dat Drama schon. De Groschen gung dohenn, ick
harr keen Peerverstand.

As ick nich mier setten kunn, harr de Eegendömer
vun de Rennbohn wull Mitleed mit denn lüttjen Jung.
He schenk mi een Aapen mit Feddern um'n Hals un an
een Gummiband. Junge, wier dat düster worrn. To Huus
werr'n se all in Opregung. Ick dach, ick kunn se mit
denn Aapen begöschen, abers Moder sä: ,,Igittegitt'', un

47

Vader meen: „Willst du nichts Unnützes kaufen, mußt du nicht zum Jahrmarkt laufen!"

Mit de Johrn käm ick af vun de Peer un keek no de Deerns. Du leepst mang de Boden op un dohl, jümmers achter de Deern, op de du een Oog smeeten harst. De Deerns glucken tosamen jüst as wi Jungs, de Deerns harrn jümmers wat to gackern und wie Jungs müss'n groot dohn. So in de Kettenschaukel, rin in dat Ding, selvverstännlik achter dat Deernsfolk. Un denn af in de Lüfte. Wie greepen no de Keehn un dreihn de Schaukeln vun de Deerns üm un üm. De küseln dörch de Luft un quietschen as de Farken. Och, wier dat schön. Un wi köpen uns so'n Ball ant Gummiband un smeeten no de Deerns, beeten Beröhrung müß jo ook ween.

Un as dat mit den Beröhrung so recht wat ernsthaftig wurr, do harr ick mi denn maal mit so'n anbet'n Deern verafredt op Johrmarkt, jüst an so'n frostigen Daag.

Un ick leep lang de Boden op un dohl, wer nich käm, werr mien Deern. „Jung", seggt mit maal een Kierl, „dien Ohrn freert af, riev se jo mit Schnee!" Wohrhaftig, se wiern all recht wat stief, un een Wehdoog harr ick bi dat Rieven mit Schnee!

Annern Daag müß ick to'n Doktor. Hett err lang behandeln müßt. Sünd beeten groot un schlappig bleeven, mien Ohren.

Un siet de Tied: Keen Rendezvous in Winter, nich för mi!

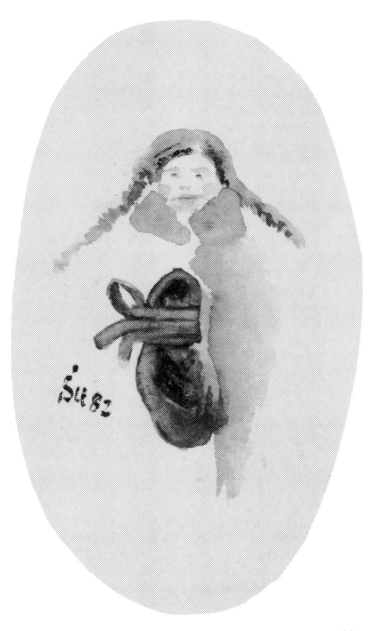

Snöff ...

Nu, ansten dat wedder kold un natt is, ward mennigeen krank, hett sick verkölt, kriggt Snöff or etwa Lungensüük. Dat wier güstern so und is hütigendaags nich anners. Abers wat hett sick gewaltig ännert. Hütigendaags geef se di een poor geele or blaue Tabletten, schriev di krank, und du pusselst in't Huus umher, maks de Afsieden schier or bastelst in Keller.

To mien Schooltied wier dat doch recht wat anners.

Ick snief un bibber. Moder keek mi an un sä: „Du muss to Bedd!'' Un dar gev dat keen Wedderpart.

Een Kind ut de Naberschapp leep to'n Dokter. Jo, Dokter Popper käm hüüt Nameddag vörbi.

Abers Moder wüss schon vun alleen, wat to dohn wier. Se leggt Handööker in kooles Water un pack se mi glitschenatt um denn Bossen. Un daröver denn wulln Schaals un Dööker. Un denn rin in de Puch und de Fedderdeek hoch bit an de Näs. Un denn müss ick noch een Glas mit hitte Zitrone drinken. „Nu sweet man los, mien Jung.'' Un di werr hitt un kold – un du harrst keen Radio un keen Fernsehen. Du keekst nur an de Deek un hörst Moder in de Köök ramentern.

Nameddags kam de Dokter, keek di in Hals un klopp op denn Bossen rüm. „Maken Se man so wieder, Frau Suwe. Ich verschreibe Ihnen noch einen Hustensaft.''

Dat wier so'n Lakritzensaft.

Wenn di so'n Süük faatkreeg, denn kunst een Week Beddroh annehmen.

Dar helpt nix anners, ook Grootmoders gröne Droppen nich, un de werrn verdammig good bi Kinnerkriegen, Tähn- un Buckweh.

Du kunnst dat höchstens noch eenmaal mit hitte, tweiquetsche Pellkantüffeln op'n Bossen versöken.

Un gurgeln müss du, mit Soltwater.

Wier dat nu rech wat leeg mit di, denn makt Moder een Spezialmedizin. Kandyzucker, Eidotters un hochprozentigen Rum käm allns in een Buddel, un denn gev dat dreemaal an't Daag een Leepel full.

Harr mien Grootvader ook jümmers seggt: Zucker un Rum kureert denn schlimmsten Hosten un bestell sich noch een Grog.

Dat eenzig goode wier wull, du muss nich na School. Een vun dien Klassenkameroden bröch di de Schoolarbeiten un maal een Book or een poor Bontjes.

Nee, dat Krankspeelen, dat is erst later erfunn worrn.

Un mennigeen käm am besten weg mit denn Spruch:

Denn Kopp holl kold, de Fööt holl warm, sla di nich so full denn Darm, dat Achterpuurt laat apenstahn, denn kann de Dokter wiedergahn.

Vörwiehnachtstiet...

Leeve Frünn, wenn ik seh, wat de Kinner all de ersten Schokoladen-Wiehnachtsmänner in November bi'n Kopp hebt un dat se in de grooten Koophüüs all bimmelt un klingelt, denn weet ik nich, wat dat noch mien Wiehnachten is, an de ik giern trüchdinken doh.

Datomaals, wenn de Daag kott un de Nachten lang weern, käm de grote, unrastige Welt to'n Besinnen, un een hemelikes Freien gung dörch dat Land.

De Tier'n stunn op'n Stall, brumm'n vör sik hin un freetn vun de Röben un dat Heu, un dorbi klirrn de Keen, de Katt sät op de Foderkiss, de ole Wallach klopp in Slap an de Box — un ik slög mi een vun de grooten Peerwötteln to Boss.

Wiehnachten, dat fung bi us to Huus dormit an, dat mien Moder sä:

„Morgen werden die Bestecke geputzt." Un denn annern Daag wür de ganze sülverne Herrlichkeit op'n Disch verdeelt. Ik kreeg mi een vun de olen Strümp her, een Buddel Sidol un denn — op em. Jed een Leepel, Gabel un Mess wör insmert mit den Putzkrom vun boben bit ünn, vun achtern un vörn.

„Nich so dick!", bereep mi mien Moder af un an. Mien Süster, de stünn all porat mit'n weekes Dook, un denn fung se an to polieren, — dat sik Deerns ümmers so heel wichtig hebt. Jo, se weer heel iefrig dorbi. Un wull dat gor ni blank warrn, denn nöm se de Leepel oder Mess ook mol an err lüttje Snut un huch dorop „Igittegitt", sä ik, „dor will ik nich mit eeten." „Heb di man ni so", anter se denn, „du its ansten ok jeden Schiet!"

Denn güng dat Slag op Slag. Koken muß'n bakt warrn. Brune un witte, mit un ohn Mandeln, Smoltplättn, witt un mit Schokolod. Un mien Vader meen: „Dat stink as in Orient!" wenn Kanehl, Peper un Nelken, Kamom,

Rosenwater un Hirschhorn dörch de Köök weih'n.

Mien Süster de kreeg de Mandeln in hitt Water un leet err weeken, denn puhl se err de Sluf hendahl. Jo, datomaals köff man sik keen fertige Mandelsplitter.

Un denn de Kandis, de in wölke brune Koken gehürr, de muß fien slagen warrn to lüttje Krümels. Dat weer mien Geschäft. De groten Kandisklütten wörn in'n oln Lappen inslagn un denn muß ik dohl op de Knee op den Steenfootbaden un muß mit'n Homer den Kandis tweislagen. Jung, dorbi käämst in Sweet.

Wenn Moder den Deeg trechtröhrt harr, denn wör he opdeelt: dat warrt brune Koken, dor mutt noch Sirup an, un dat is för de witten, de Koken schüllt rullt warrn, un de warrt sneeden, an de kümt Kandis, und de krieg Mandeln op, un wo is de Honni?

Un wiel wi nich so'n grooten Backaben harrn, bröchen wi all de Koken to Bäcker Rathjens üm de Eck. De bakt err nich nur, nee, he rull err ook un snee err, as du dat wullst. Annern Daag muß ik los mit dat ole Fohrrad (Rostgeige, sä mien Fründ Ludden darto), un muß all de Koken in Körv afhalen. Un so gewiß as de Vörwiehnachtstiet käm ook jedes Johr dat Koken-Drama. Denn wenn ik nu mit de backten Koken no Hus käm, denn stünn mien Moder all porat un keek in de Körv, greep sik hier een Plättn un dor een, un denn lamantier se: „Oh, viel zu braun, viel zuviel Hitze! – Und viel zu dick ausgerollt!" – Anner Johr werrn se to blaß un to dünn – un „Fehlt dor nich wülk, dat weer doch so veel Deeg?" he schull doch nich? Jo, dat weer schon 'ne Opregung.

Wenn sik Moder denn beruhigt harr, denn käm de ganze Backkrom in groote Blekdosen, darmit se krosch bleeven. Se worn sik dor ok heel god, de letzten harrn wi noch to Pingsten. Un glöv doch ni, dat wi vör Wiehnachten an de Koken dörfsen. Jo nich! Obers hemelik bin ik doch an de oln Dosen gohn un hevt err prövt, un dat

gehörig, alldewiel ik mi jümmers argern kunn, wenn noh de Wiehnacht Besök käm, denn heet dat in een Stoot weg: „Ach, nehmen Sie doch noch! Und diese müssen Sie auch noch probieren! – Ach, und immer dieser Ärger mit Rathjens, hat 'mal wieder viel zu dick geschnitten, sind ganz hart. Bei wem lassen Sie denn backen?" – Wat ik abers op de Kneen den Kandis kloppt harr, dor snakt keeneen vun.

Un kött vör Wiehnachten, denn gung dat Slachen los, de Buur sien Swien, de Jager sien Has un wi uns Goos. An de Buurhüüs stunn de Leddern an de Mürrn, dar hung de ole Söög an dohl, opsneeden vun boben bit ünn. Öwers de goden Deeln harrn se en wittes Dook legt, dormit de swatte Koter nich an dat Filet gung.

De Jagers ballern in de Wischn, un so mennig Has hung bi klore Frossluft an de Wann bit he stiev weer. As ik all sä, wi to Huus harrn dat mier mit de Göös, de harrn wi sülben. Ik kunn de Deerten sowieso nich lieden, harn mi to oft in de Been kneepen, wenn ik op'n Wech no School bi err vörbi muß.

Nu hung he dor, de stolte Ganter. De Appeln un Plumm wärrn all wuss'n, de mien Moder em to Liev gev. Un in sien langen Hals dor käm'n Maronen – dat wiern so'n Kastangeln – rin, – de smekt ok as Kastangeln, – dat weer wat för de Peer – nix för mi.

Jo, un wenn denn de Luft man so smökert vun Smolt un Grieven, vun sengelte Goosfleesch un frische Has'n-felln, vun Rotkohl un Grönköhl, denn muß jo ook noch dat Slakermaschüü trechmakt warrn. Un dat weer bi us to Huus vun Wiehnachten bit hen to Niejohr „Errötende Jungfrau!"

Ik hevt mi ni klookkreegen, wat de Pudding denn mit'n Jungfrau to dohn har, wiel mien Moder em jümmer maken dä. „Errötend", jo, denn mien Moder weer bi dat Geschäft jümmers bannig rod un opgereegt. Dat weer di

abers ook een Prozedur. Man nehme, un denn Johanni-saft, Eierschnee, un wat weet ik, un slagen, slagen muß dat warrn, mien Vader weer de ganze Wiehnacht leed wegen düsse Jungfrau. Abers smecken, smecken, mien leeve Frünn, smeken dä dat, mit Vanillesoss, grootartig!

Dat geev mi Wiehnachten denn ook jümmers den Rest.

Denn legg ik no de Mohltiet ünnern Danneboom, keek in siene Twiegen un drööm mi vull'n Buk vun de nächste Wiehnacht.

Denn de Vörfreid, dat weer doch jümmers dat Schöönste.

De Quetschkommood...

Wiehnachten, dat heet ook veel Musik, nich jüst as hütigendaags, wo dat in de Koophüüs al pingelt – lang vör Dodensünndag. Nee, mehr na dat Smack as dat da steiht schreven: Kommt ohne Instrumente nit! Bringt Lauten, Harfen, Geigen mit. Laßt hören eurer Stimmen viel mit Orgel- und mit Saitenspiel!

Un dat mutt mien Vader denn ook een Wiehnachten dacht hebben, as he een Quetschkommood köfft.

Ick weer mi nix vermoden as wi an Hilligenabend na de beste Stuv gungen, de Dannboom wier so hell und wi sungen dat Leed vun'n Dannboom und vun de Hillige Nacht un Oh, du fröhliche . . . Dor kennst mien Moder nich: Nich een Stroph vun jedes Leed, nix dar, alle Strophen hendaal.

Un mien Süster un ick stunn'n un leeten de Oogen üm un üm loopen, övers de bunten Teller un de lütten un grooten Packens – ja, un denn sehg ick mit maal dat Diert. Jungedi! wat schull dat? Meist een beeten groot un unhandig för mi. Na, Moder harr de Reis dörch all de veelen Wiehnachtsleeder to Enden bröcht: Un nu kiekt maal wat de Wiehnachtsmann jüm bröcht hett.

Ja, ick harr dat ja all sehn un schööt op de Quetsch-kommood dal.

„Sachten, sachten!" un mien Vader greep sick de Harmonika. De quietsch, as wenn se wüss, wat nu losgung.

Vader müss wohl heemlich sick all mit de Saak befat hebben, denn he packt sick dat Ding vör de Bossen as so'n olen Muskanten un greep in de Tastatur: Hier hab' ich so manches liebe Mal mit meiner Laute gesessen.

Dat wier nich jüst een Wies to Wiehnachten un pass nich jüst to'n Quetschkommood. „Mit meiner Laute gesessen," wat för'n Blödsinn.

Un denn, dat schull mien Geschenk wesen. Harrst di dach. Vader harr sick wohl sülben so'n Droom ut sien Kinnertied wahrmakt.

Ick hal mien old holten Peerd un kutscheer de Nööt dörch de Stuv. „Hinunterblickend ins weite Tal, mein selbst und die Welt vergessen." Jo, vergeeten harr Vader uns all lang und ook, dat doch ick de Ziehharmonika hebben schull.

Nu, Moder broch allns wedder in de Reeg. „Ernst, nun ist genug, nun laß den Jungen mal!"

Un wenn Moder sä: nu is noog, denn deest good, daarop to hör'n. Un denn wier ick an't Gerät. Gung dat mal schön, luut un liesen, un harr de Kasten Töne in't Liev. In de Wiehnacht hebb ick de ersten Wiesen in Zwölftonmusik speelt. Leider hett keeneen se opschreven. Un Verständnis harr keeneen darför. „Nun is Schluß mit das Gequietsche", sä Moder, „or du geihst in' Keller." Mennigmaal later, wenn ick an Hilligabend vör de Döör stah un na'n Heben kiek, hör ick ganz liesen: „Hier hab ich so manches liebe Mal . . ."

Art läßt nicht von Art...

Ook de Doog twüschen Wiehnachten un Silvester weern recht wat schöön. Alln's leep op halve Fohrt, blots in de Koophüüs gung de Umtuuscheree los. Ansonsten gev dat Besöök, un wi sülbst wöörn ook inloodt. Besonners gern weern wi bi een ole Fründ vun unsen Vader, Hein Peters.

As Jung much ik to gern tohöörn, wenn de beiden Olen sik wat vun den olden Tieden vertelln. Un wenn se denn noch poor Grog hat harrn, denn stööten se ook wull an op „Wagrien" an de Ostseeküst, wo beider Weeg stunn. Un mien Voder reep denn luuthals: „Ort lett nich vun Ort − un Swort lett nich vun Swort."

Een Johr sää de Fründ to mien Vader: „Ernst, dien Jung is old noch, he kunn man övermorgen mit Buer Mahrt un mi op de Jagd gahn, wi kunn'n Driever bruken. Wat is, Günther, hest Lust?" Ik mutt jo wull ok wat vun de Punsch hatt hemm, denn ik nickköppt, un dormit weer de Sook afmookt.

Halve Nachten gung dat los. Moder harr mi warm inpackt, un Vader geev mi'n olen Handstock. As ik bi de Wisch anköm, töven Hein Peters und Buer Mahrt all op mi. Mann ook, weer di dat een Wisch, und dor schull'n wie hendal. De Snee kniersch ünner de Schöh, af un an schreeg een Kreih, und de Jagers leeten de Hunnen lopen. De harrn sik wat wichtig, jachtern krüz un quer un steeken de Näs in jeedeen Lock.

Mitmaal gung dat Ballern los; ik verfeer mi gewaltig, as een poor Anten hochstöven, liek vör mien Snut − un „rums" seil ook een dal. Een vun de Köter wier denn jo ook furts to Stell, schnapp sik dat arme Tier und leep to sien Jager. „Brav, Rolf, brav! Leg ab!"

As ik noch so över de schööne Ant simulieren de, röppt Hein Peters: „Günther, driev em, driev em hier

her!" Ik keek üm mi, un dor sitt meinst blang mi een schönen grooten Mümmelmann – he harr Männchen maakt, bever mit de Ünnerlipp – un – glöövt dat or glöövt dat nich – keek mi heel trurig in de Oogen. „Günther, wat is, slöpps du?" Ick schriek hoch, de Haas kümmt in Gangen, klookerwies üm mi rüm un af lang de Gröv. De Jagers kunn ni scheeten, or se harrn mi glieks mit verballern möten. Dat geev een Gnaarsch, för de Jagers weer ik Luft un för de Hunnen nich maal Luft.

Ik weer heel glücklich, as de Dag vörbi weer.

Dar weer dat denn an Silvesternamiddag veel schööner, wiel dat losgung mit denn Rummelpott. Vun dat Swienslachen – ik hev jüm anners darvun vertellt – harr ik mi de Swiensblaas opwort. Nu wöör se över een Konservendoos spannt, kreeg een Lock meern in de Mitt un een pielen Stroohhalm wöör hindörchsteeken. Dann speest du di mang Dumen un Wiesfinger un riffst an de Strohhalm op un dal. Dat gifft een ganz eegen Musik, so as wenn een ole Söög grunzen de. Un denn trocken wi noch ole Kledaasch an, farven uns de Snuten mit Asch, un fiertig weern de „Drei Weisen aus dem Morgenland."

Een vun uns droog een Pappstern op'n Stock, un meennigmal weer ok een Düwelsgeig mit vun de Partie.

So trocken wi vun Huus to Huus un süngen dat ole Leed vun de dree Weisen: „Es kamen drei Weisen aus dem Morgenland, sie trugen den Stern wohl in der Hand, sie zogen wohl vor Herodes' Haus, Herodes schaute zum Fenster raus und sprach in seinem argen Sinn: Ihr drei Weisen, wo wollt ihr hin? Nach Bethlehem, nach Davidsstadt, wo unser Herr Christus Geburtstag hat."

Intwüschen weern de Huuslüüd vör de Döör kamen un freien sik. Un no dat Singen steken se uns Appeln, Appelsinen, Koken, Schokolad, rech veel Nööt un men-

nigmal ook fiev Penn or een Groschen in een Büddel, de een vun uns mitslepen dä.

„Prost Niejahr, Schiet op Oljahr!" – un wenn een uns besonners veel in denn Büddel dahn harr, denn sungen wie noch „Alle Jahre wieder". So gung dat vun Huus to Huus, mennigmaal ook in Draff, denn wi wull'n doch de Ersten ween.

Avends, wenn de ersten Raketen, Dunnerslags un Knallfrösch dat Niejahr mellen deen, denn delen wi uns de schöönen Herrlichkeiten – un harn de heele Nachten dormit to doon. Un Niejahrsmiddag geev dat Haasenbraden – weet de Düwel, wo de herkäm – ik harr gar keen Hunger!

De Johren vergoht. Letzt Niejahrsmiddag weer ook mien Enkelsöhn darbi. To eeten geev dat Haasenbraten. De lütt Jung fröög sien Voder: „Is dat een Tier?" „Ja", anter de. „Hett de ook Oogen?" „Ja", weer wedder de Antwort. „Denn hev ik keen Hunger!"

Ja, Lüüd: „Ort lett nich vun Ort!"

Wat in düsse lüttje Book to lesen is...

Siet   5 .... Een poor Wöör võruut
7 .... Schooltieden
12 .... Fremdspraaken
17 .... Wat mit de Farven
23 .... Kinnergloben
27 .... Een ut de Buddel
28 .... Giff di! Giff di!
31 .... Sünndag
40 .... Mit Musik
44 .... Johrmarkt
50 .... Snöff
54 .... Vörwiehnachtstiet
62 .... De Quetschkommood
66 .... Art läßt nicht von Art
72 .... Wat in düsse lüttje Book to lesen is